Eduque a si mesmo e seja feliz

Eliane Azevedo

EDUQUE A SI MESMO E SEJA FELIZ

EDITORA
IDEIAS&
LETRAS

DIREÇÃO EDITORIAL:
Marlos Aurélio

CONSELHO EDITORIAL:
Avelino Grassi
Fábio E. R. Silva
Márcio Fabri dos Anjos
Mauro Vilela

COPIDESQUE E REVISÃO:
Leo A. de Andrade

DIAGRAMAÇÃO:
Tatiana Alleoni Crivellari

CAPA:
Tatiane Santos de Oliveira

Todos os direitos em língua portuguesa, para o Brasil, reservados à Editora Ideias & Letras, 2016.

2ª impressão

EDITORA
IDEIAS& LETRAS

Rua Barão de Itapetininga, 274
República - São Paulo /SP
Cep: 01042-00
(11) 3675-1319 (11) 3862-4831
Televendas: 0800 777 6004
vendas@ideiaseletras.com.br
www.ideiaseletras.com.br

Dados Internacionais de Catalogação na Publicação (CIP)
(Câmara Brasileira do Livro, SP, Brasil)

Eduque a si mesmo e seja feliz / Eliane Azevedo;
São Paulo: Ideias & Letras, 2016

ISBN 978-85-5580-021-4

1. Autoajuda 2. Conduta de vida
3. Educação 4. Textos - Coletâneas
I. Título.

16-07139   CDD-370

Índice para catálogo sistemático:
1. Educação: Textos: Coletâneas   370

Dedico este livro a todas as crianças, jovens, adultos e idosos que encontrei no caminho da minha vida e que, de uma maneira ou de outra, contribuíram com o meu processo de desenvolvimento humano, espiritual e profissional, inspirando-me a escrever esta coletânea.

Agradeço aos meus pais pelos valores aprendidos, os quais fazem parte do alicerce da minha vida e da escrita desta obra.

Agradeço aos meus sobrinhos Rafael e Thiago, adolescentes que criticamente sugeriram a revisão de alguns títulos dos textos.

Agradeço aos meus amigos que leram os textos e me incentivaram a prosseguir na organização dos mesmos, e a transformá-los no sonhado livro da minha adolescência.

Agradeço à Congregação das Missionárias do S. C. de Jesus pelo aprendizado na educação do coração.

Agradeço à Isabella Sprovieri pela valiosa contribuição para que esta obra fosse publicada.

Agradeço aos leitores pelo interesse em viajarem pelo mundo da leitura e deixarem fluir os sentimentos mais profundos para o viver com felicidade.

Sumário

Educar-se para ser feliz 15
Carta ao leitor 17
O traçado do coração 25
Os fios da vida 29
Travessia interior 31
A semente da simplicidade 33
A ostra e a comunicação dialógica 35
A sintonia 37
A filosofia nas relações interpessoais 39
O vento e a árvore 43
A poética do silêncio 45
Protagonistas no palco da vida 49
Aprender a confiar e a conviver 53
A liberdade de aprender a voar 57
Mistério na arte de aprender 61
Um brinde ao aprender 63
Um novo brinde ao aprender 65

A educação para o sentir 67
A leitura da vida 69
Palavras são palavras 71
As asas do viver 73
Uma virada cultural 75
A gratuidade dos três Es 79
A moeda do Natal 83
Educar o coração e a mente 85
Desperte a águia que existe em você 89
Tempo de maturação para aprender 91
Aprender a aprender 93
Aprender a arte da superação 95
Amar é atitude 97

Educar-se para ser feliz

Após ler o livro de Eliane Azevedo, *Eduque a si mesmo e seja feliz*, perguntei-me se ser feliz é destino, conhecimento ou educação. Existe uma fórmula?

Felicidade tem ingredientes. Felicidade tem fundamentos. Felicidade tem um imenso manancial de virtudes. Felicidade integra múltiplos dons, mas é consolidada por consistentes capacitações. Conscientes vontades de aprendizado. Felicidade é o que você faz para ser feliz. Não termina nunca, é uma jornada infindável, na qual uma porta leva à outra, que apresenta novos corredores e diferentes portais.

Decolaremos neste voo para a compreensão do que é a felicidade, do seu significado, dos momentos decisivos em que você atinge seu objetivo. Ao fim desta viagem, vamos aprender o sentido transcendente da felicidade. Vamos dar forma própria à escultura da nossa vida, da particular vida de cada um de nós. Mergulharemos em camadas mais profundas do espírito e da filosofia para beijarmos as raízes, o sumo e o cerne do que é esse desejo universal de "chegar lá", de superarmos, de encontrarmos a felicidade. Felicidade tem a ver com riqueza, dinheiro ou com a nossa missão?

Por mais que as coisas ao nosso redor possam parecer adversas, por mais que não vejamos a "luz no fim do túnel", é imprescindível que seja mantida acesa a chama da esperança, da crença no futuro. Cada um de nós acaba por encontrar o caminho que nos leva aos nossos objetivos. Às vezes, corremos tanto atrás de nossos sonhos que, quando nos damos conta, somos atropelados por eles.

Na matéria-prima da felicidade, diversos novos ingredientes permitem o preparo da sua fórmula, da poção mágica que só pode ser definida por você: paciência, persuasão, confiança, fé, integridade, verdade, alegria, flexibilidade, abertura pessoal, criatividade, coragem...

Coragem para descobrirmos que felicidade não significa apenas a vitória percebida pelo mundo. Para nós, "paixão" e "ser você mesmo, aqui e agora" são a síntese das nossas vidas. Para mim, subir ao palco para tocar e agora reger orquestras é como se fosse o último concerto da vida.

Qual a importância que esta obra tem para o Brasil e para os brasileiros? Imensa. Aprendemos com a leitura e os ensinamentos que felicidade não é o que o mundo faz com você, é o que você faz com aquilo que o mundo lhe oferece.

Aprendemos que ser feliz não tem uma fórmula, tem milhões delas.

Ser feliz é aquilo que faz a sua cabeça. É a sua vida, sua superação, sua experiência. A cada dia, é preciso aprender a ser feliz.

Boa leitura!

João Carlos Martins,
maestro

Carta ao leitor

Escrevo a você, que busca encontrar, na leitura deste livro, uma mensagem para ser feliz e viver com intensidade cada momento de sua existência.

A coletânea dos textos apresentados pretende incentivar a leitura reflexiva de algumas histórias e de outros textos que possam provocar um encontro consigo, uma ressignificação do "eu" e uma liberdade interior para cultivar a felicidade na convivência com os outros. A composição desta coletânea emergiu do diálogo com uma pessoa amiga, que me incentivou a selecionar alguns textos meus em uma obra que pudesse despertar em todas as pessoas o desejo de educar-se para alcançar a verdadeira felicidade.

Os textos foram selecionados de acordo com o uso em algumas palestras e eventos que tenho realizado na área educacional, sendo dispostos, nesta coletânea, a partir de uma volta para a interioridade com o tema "O traçado do coração", prosseguindo com temáticas relacionais e finalizando com o tema "Amar é atitude", na tentativa de colaborar com você, amigo leitor, num mergulho em busca da verdadeira felicidade.

Compartilho com você, de maneira simples, o nascimento destas palavras. Foi assim...

Aos sete anos de idade, eu brincava com uma mangueira verde utilizada para molhar as plantas do quintal da minha casa. Segurando a mangueira como se fosse um microfone com fio, comecei a falar, imaginando que muitas pessoas me escutavam. Eu tinha o desejo de tocar o coração das pessoas para viverem melhor e com amor.

Por volta dos catorze anos de idade, escrevi vários poemas em um caderno espiral, e imaginei que fosse um livro com o título "Reflexo do sol na água". Essa obra foi deixada em algum lugar e nunca mais a encontrei, mas ela ficou viva dentro de meus sonhos. Esses pensamentos nasceram dos momentos em que olhava o rio que contorna a minha cidade natal, Serranos (Minas Gerais). Eu ficava encantada com o reflexo do sol na água, sobretudo na curva do rio Aiuruoca. Algo fantástico e indescritível.

Passados mais de trinta anos, retornei ao rio e, apreciando-o, pude entender o que tinha se passado comigo ao olhar para a água, o sol e os seus reflexos. Voltando para a casa dos meus pais, com o pensamento nas águas, peguei um álbum de fotografias dos meus dezessete anos.

Assim, comecei a fazer memória dos anos vividos e encontrei, atrás de uma foto, um papel dobrado e já amarelado pelo tempo. Nele, estava escrito o meu primeiro poema do sonhado livro. Emocionada, eu comecei a ler o que transcrevo aqui:

A vida é bela.

A vida é maravilhosa.

A vida é encanto.

A vida é tudo.

A vida é mais que tudo.

A vida é a vida.

A vida está no coração.

A vida está no sonho de tocar o coração das pessoas.

A vida está no amor supremo: Deus.

A vida é amor.

A vida, quando dói, fica mais vida,

Quando posso ver o reflexo do sol na água.

É linda a natureza.

O sol é o amor que vem de Deus.

O reflexo é a luz que toca a vida.

A vida é a água que passa e fica nova todo dia.

Quando a vida dói, eu olho o reflexo do sol na água

E começo a sonhar com algo melhor.

Viver é mais que tudo,

E não tem preço para a felicidade de viver a vida.

Quando terminei a leitura, o pequeno papel começou a ficar úmido com as minhas lágrimas. Foi grande a emoção. Hoje entendo a imagem da mangueira de água para molhar as plantas e do rio com as suas águas brilhantes pelo reflexo do sol.

Uma experiência preciosa que me fez pensar na poética da felicidade. A vida se torna poesia quando aprendemos a transcender o "eu", o "nós", e avançamos para algo maior e mais sublime em todos os espaços do viver.

Com as recordações da infância e adolescência, comecei a escrever esta carta para os leitores. Os textos escolhidos nesta coletânea brotaram das palestras interativas que ministrei para educadores, da escuta na clínica psicológica e do encontro com várias pessoas nas ruas da minha vida – crianças, adolescentes, jovens, adultos e idosos.

Depois que li, reli e selecionei os textos, comecei a pensar no título. Certo dia, conversando com uma pessoa amiga, eu comentava sobre o desejo de compartilhar meus escritos e ela me incentivou a entregar o conteúdo para análise de uma editora.

Então, ela me disse "Eliane, eduque a si mesma e seja feliz. Seus escritos são para muitas pessoas; eles não fazem distinção ideológica, religiosa ou profissional; são escritos para avançar na felicidade de viver". Ao ouvir essas palavras, peguei um pedaço de papel e comecei a anotá-las. E foi assim que surgiu o título da obra "Eduque a si mesmo e seja feliz".

Com o reconhecimento da equipe editorial da revista *Linha direta – Educação por escrito*, alguns textos foram publicados na versão original, e nesta obra, alguns textos e títulos foram reescritos.

Espero poder colaborar para que você, leitor, possa avançar nas conquistas interiores e exteriores da sua vida. Ao final da organização desta coletânea, reconheço que a vida é um mosaico de limites, conquistas, sonhos e aprendizado nas diversas viagens que realizamos na travessia da existência humana. Assim, eu convido você a realizar uma viagem com a leitura desta obra, alcançando uma resposta interior para a projeção da sua vida no futuro.

A *felicidade* é uma conquista e, para alcançá-la, precisamos de uma busca constante para educar o nosso coração e a nossa mente, despertando a águia que existe dentro de nós e cultivando o amor como atitude.

Desejo que algo *novo* aconteça dentro e fora de você. Seja feliz sempre e não esqueça que, no encontro interativo com as outras pessoas, o educar-se é um caminho para a eternidade.

Boa leitura!

Eliane Azevedo

O traçado do coração

As metáforas provocam em nós imagens e significados que ultrapassam a nossa capacidade objetiva de decifrar o presente materializado. Esse movimento abre espaço para o que é mais lindo na existência humana: a capacidade de estabelecer vínculos saudáveis.

São inúmeras as experiências do dia a dia, mas muitas vezes estamos tão imersos na velocidade, na complexidade do espaço e do tempo, que não percebemos a grandeza dos encontros humanos. Estamos imersos, tantas vezes, em um mundo de nomeação, de ausência do mistério e de carência de sentimentos mais elevados.

Pensar no processo de educar é pensar no conhecimento como encontro e expressão da formação de vínculos em uma rede de relações contextualizada. Um encontro significativo salva a vida de uma criança e salva a vida de um adulto. Acredito no processo dinâmico do aprender a viver em um mundo fragmentado e de crescente invisibilidade "presencial".

Carecemos da presença do outro e tudo se torna excessivamente "virtualizado".

Há alguns dias, uma criança de cinco anos veio ao meu encontro. Ela se aproximou e disse: "Oi. O que você está fazendo?" Naquele momento, fiquei surpresa com a expressão espontânea e de proximidade. Nós não nos conhecíamos. Carinhosamente, nós nos apresentamos. Contei-lhe que estava preparando uma palestra para professores. Ela sorriu e disse "Eu estou desenhando. Vou buscar para você ver".

Que lindo! A criança saiu correndo pelo pequeno corredor, entrou em outra sala, pegou o papel e voltou depressa. O seu olhar me encantou. Sorrindo, ela me entregou a pintura do seu desenho. Com o papel nas mãos, eu disse: "Um coração cheio de corações pequenos!" Ela respondeu: "Não. Não é coração dentro de coração. Aí dentro são riscos".

A profundidade das suas palavras tocou meu coração e dele saiu uma interrogação: "Riscos?" E ela prosseguiu: "Dentro do coração tem riscos. São as emoções". Emocionada com a grandeza de sua alma, eu falei: "Emoções?!"

Nesse momento, pude compreender o que são as emoções no estabelecimento de vínculos na rede de relações. A criança apresentou o significado: "Emoções são aquilo que faz a gente se amar, ser feliz, ter amizade".

Esse encontro expressa a importância da presença do ser humano na vida do outro. A vida se dá no face a face, olhos nos olhos, na palavra-silêncio, nas manifestações do que existe de mais sagrado dentro de cada pessoa.

A formação de vínculos no ambiente familiar, social, organizacional é atravessada por inúmeras situações que provocam em nós uma transformação, quando estamos abertos para a travessia de novos paradigmas, de novas ideias e de novas atitudes. Cultivemos o olhar do coração e da mente para construir vínculos saudáveis na nossa rede de relações.

Os fios da vida

Um espaço de aprendizagem é um espaço do vir a ser, do romper velhos paradigmas e do construir novas conexões para aprender, desaprender e reaprender no contínuo processo de desenvolvimento humano.

Nos meus primeiros anos de magistério, tive uma experiência afetiva em sala de aula que marcou profundamente a minha vida de educadora. Era o mês de maio, uma sexta-feira, um dia de "escuridão" para uma tomada de decisão pessoal. Quando entrei na sala de aula, uma criança me olhou nos olhos e falou: "Você está tão bonita hoje... Você está diferente dos outros dias". Deixei cair uma lágrima e abracei essa criança amadurecida. Ela, na sua sensibilidade afetiva, soube me apontar a beleza escondida nas situações difíceis.

A comunicação estabelecida encorajou-me a romper paradigmas e aprender a reconhecer algo novo e significativo nas travessias da vida. Acredito que esses sejam os verdadeiros encontros de aprendizagens, encontros de encantamento e reencantamento, os quais abrem novos espaços dentro de nós, para o bem-viver de toda a comunidade humana.

Na semana seguinte, a mesma criança me fez uma pergunta: "Faz um tempão que o nosso mural está com um fio de barbante pendurado. O que você vai fazer com ele?" De novo, deparei-me com uma pergunta desafiante. Ela falava com a *alma* e provocava-me a ir além do fio material.

Mas, naquele momento, lembro que a minha resposta não a satisfez, pois falei de coisas concretas, superficiais demais. Comecei falando da aula de artes e que iríamos realizar uma atividade com fios de barbante. A criança estava me falando dos fios conectados nas relações afetivas e no espaço de aprendizagem.

Uma grande educadora na minha vida! Na memória afetiva, essa vivência foi registrada e vem me despertando para o aprofundamento do estudo da rede de relações no espaço de aprendizagem – aprender a conhecer, a fazer, a conviver e a ser.

Nós, seres humanos, somos um dos fios na trama da vida. O paradigma da ecologia profunda expressa, de maneira significativa, o valor intrínseco de todos os seres vivos e a interconectividade, priorizando o respeito a todas as formas de vida.

Continue refletindo: O que fazer em cada situação – encontros aprendizes – com os "fios de barbante" e com os demais "fios"?

Travessia interior

"Ser ou não ser, eis a questão" (de *Hamlet*, peça de William Shakespeare) é uma das frases mais famosas da literatura e possui uma profunda filosofia. Shakespeare abre espaço para a continuidade das nossas reflexões sobre o ser contextualizado, o ser em um caminho de busca e em situação de escolhas. Escolhas que exigem um aprender sempre.

Na dinâmica da construção do "conhecimento" que ultrapassa as letras, os números, a tecnologia e todas as informações, somos desafiados a uma eterna travessia. Uma travessia criativa e com os pés na realidade, avançando no conhecimento do próprio ser para ser mais humano, mais desprendido, mais livre e, assim, mais aprendizes. Vamos caminhando no aprendizado; temos mil razões para viver e ajudar as pessoas no contínuo processo de amadurecimento humano e espiritual.

Precisamos cultivar um profundo mergulho na vida, reconhecendo que somos seres inacabados, em busca do vir a ser e de um mundo mais humanizado. As escolhas são fruto das nossas frustrações ou dos nossos sonhos e desejos. Uma escolha consciente abre espaço para a renovação interior com criatividade.

Assim, fico pensando que tudo na vida tem um tempo para aprender e um tempo para desaprender, e aprender de novo. Um aprender que é dinâmico.

Comecei, então, a escrever algo que brotou intensamente dentro de mim: creio que o "eu" aprende depois de algum tempo; que tudo tem o seu tempo e a sua hora; que estar ao lado de uma pessoa não significa estar sintonizado e conectado; que as quedas são ocasiões decisivas para o levantar-se com maior consciência das nossas atitudes; que o futuro é algo "novo" e que esse "novo" causa insegurança, mas traz a oportunidade de superar-se para viver a novidade de cada minuto; que os amigos são tesouros que conquistamos com o reconhecimento das nossas diferenças e da base comum – o amor – que abre o leque do viver para os gestos de respeito, perdão, compreensão e solidariedade; que o que importa é aprender a amar-se para poder amar os outros; que o valor da vida está na capacidade de realizar uma travessia interior com coragem e confiança para mudar o *eu* e ajudar o *outro* no caminho de mudança, mas se ele quiser.

Comece a olhar para você mesmo e reconheça a *novidade* pulsando em sua vida. Seja corajoso na travessia de seu eu interior.

A semente da simplicidade

O que é a simplicidade? De tão simples, muitas vezes não sabemos responder. Complicamos a vivência e a busca de respostas. Muitas vezes, imersos no corre-corre da vida, com a velocidade ultrapassando o espaço e o tempo, não percebemos uma neblina ofuscando os nossos olhos, uma avalanche de tecnologias, de trânsitos, de projetos. Vamos perdendo o foco da nossa visão e os princípios de viver.

Pensando na construção do conhecimento de si, do outro e do mundo como um processo reflexivo e interativo, podemos avançar na redescoberta dos verdadeiros valores que sustentam as relações interpessoais. Um deles é a "simplicidade inteligente", possibilitando a fluência de uma comunicação saudável e integradora.

De dentro do ser humano "aprendiz" emerge uma grande mudança, quando este é capaz de perceber o essencial, abrindo espaço para o encantamento e para a visibilidade de ações positivas na relação aprendiz-aprendiz. Seus contatos florescem e traduzem a grandeza da missão de educar. Como disse Mahatma Gandhi: "Educação é fazer aflorar o que há de mais nobre dentro das pessoas".

Aprender é uma arte, e precisamos cultivar a criatividade para pintar a tela da nossa passagem pela vida dos outros aprendizes.

Mas o que é a simplicidade? Podemos pesquisar o significado da palavra, a sua etimologia, mas acredito que a resposta seja simples demais, pois parece não existir uma resposta para o que é simples. Simplesmente, é.

Continuemos a tecelagem dos fios de uma aprendizagem colaborativa, tendo como ponto de partida o essencial do *ser* que somos e do que viremos a *ser*.

Seja simples, objetivo, determinado, resiliente e corajoso no desenrolar da arte de construir conhecimentos significativos! Seja você, na sua essência, compartilhando significados e experiências que contemplem uma visão realista e integradora da dinâmica de viver. Os frutos virão, mas primeiro os brotos vão surgir das sementes!

Os humildes compreenderão! É simples! Olhe para as crianças, olhe para o ciclo da natureza, olhe para as outras pessoas, olhe para você, olhe para a vida!

A ostra e a comunicação dialógica

Uma ostra vivia em sua concha. Até que, um dia, uma ruptura cortou seu coração. Sua mente ficou confusa, não sabia mais o que fazer em situação tão estressante. O medo da nova etapa, do novo nascimento ofuscava seu olhar para as possibilidades de sucesso. Ainda não tinha aprendido o significado da palavra "transcendência".

Mas, sozinha na sua trajetória, teve um *insight*: "Sou parte do universo em transformação e vou começar hoje uma nova travessia". Sorriu para si mesma e um sentimento de encanto brotou das profundezas da sua vida. Começou a olhar para a ruptura de um modo novo.

De repente, observou que ao seu redor havia milhares de ostras, cada uma em sua singularidade e processo de desenvolvimento pessoal, social. Um olhar de aproximação, uma linguagem afetiva tornou possível o estabelecimento de um diálogo entre as ostras. Todas falavam das suas experiências, escutavam as outras e escutavam a si mesmas. Um processo reflexivo e interativo emergiu da situação de encontro consigo e com as outras ostras, sendo estabelecida uma linguagem corporativa, a partir da experiência existencial de cada uma. A comunicação verbal e não verbal passou a ser cultivada, despertando e acordando nas ostras a capacidade de saber ouvir e propiciar um espaço de abertura para uma comunicação dialógica.

A ostra compreendeu que a comunicação e o relacionamento afetivo são como as pérolas cultivadas nas experiências de transcendência, traduzindo-se em potenciais para o sucesso pessoal e coletivo.

O filósofo da linguagem Mikhail Bakhtin reconheceu a linguagem como um processo de interação contínua, mediada pelo diálogo e expressa de maneira brilhante: "A língua materna, seu vocabulário e sua estrutura gramatical, não conhecemos por meio de dicionários ou manuais de gramática, mas graças aos enunciados concretos que ouvimos e reproduzimos na comunicação efetiva com as pessoas que nos rodeiam".

Uma comunicação dialógica implica uma rede de relacionamentos afetivos e éticos. Acredito que as parábolas, as fábulas e as metáforas estimulam a nossa criatividade e acionam no cérebro a possibilidade de encontrar os significados de acordo com as nossas experiências e conhecimentos armazenados ao longo da nossa vida.

Na nossa rede de relacionamentos, como estamos cultivando as pérolas?

A sintonia

Nas famílias, nas escolas e em todos os espaços do viver humano precisamos escutar a voz dos gestos, a voz do silêncio e a vibração alegre, na sintonia da comunicação:

>Os gestos falam o que a voz cala.
>Os gestos falam o que o coração sente.
>Os gestos falam o que a mente pensa.
>Os gestos revelam uma sintonia ou uma desarmonia.
>E os gestos são gestos...

Uma criança diante de uma flauta disse: "Eu não sei tocar flauta, mas vibro de alegria quando ela toca". Assim acontece na comunicação humana: vibramos de alegria quando sentimos a sintonia na comunicação. Mesmo com a "fluidez de sentimentos" na época atual, a sintonia é preciosa e é uma riqueza imensa quando cultivada.

No mundo em que vivemos, com tantos atropelos e informações, podemos vibrar com a profundidade do viver e cultivar a sintonia com o "belo" que emerge no silêncio, nas palavras e nos gestos.

Escute o som de uma flauta! Vibre com a sintonia dos sons e sorria para o que importa no mais profundo do seu coração.

No dia a dia, somos surpreendidos com a simplicidade das pessoas que dizem: "Viver é algo maravilhoso".

Hoje, escutei uma jovem dizendo: "O que tenho é sintonia". Que rica expressão! Essa escuta me fez pensar nas sintonias que promovem o bem-viver e no significado das mesmas.

Eis alguns desses pensamentos: sintonia é uma energia conectiva que faz desabrochar o potencial criativo do ser humano; sintonia é um bem-querer sem explicação; sintonia implica renovação e busca do sentido da vida; sintonia é algo que precisa ser cultivado entre as crianças, os adolescentes, os jovens, os adultos e os idosos; sintonia ultrapassa a capacidade intelectual de conhecer; sintonia é a potencialidade de ser no presente e no futuro; sintonia, enfim, é uma construção do coração e da mente para novas descobertas e empreendimentos na vida.

O sucesso de uma pessoa está na capacidade de promover uma sintonia de objetivos e ideais para uma ação comum que promova o desenvolvimento de todos os seres vivos.

Sintonize sua vida e seja feliz!

A filosofia nas relações interpessoais

Certo dia, resolvi cultivar um tempo de silêncio e ler algo de filosofia. Olhei para a estante e deparei-me com um livro de filosofia do Ensino Médio. Comecei a leitura e pensei: "Como será uma viagem em terras distantes e desertas? Como os jovens vivenciam a experiência de estarem sós no meio de tantas informações, atropelos e velocidade?"

Fechei o livro e resolvi sair em busca de uma estrada que conduzisse ao silêncio-deserto. Nesse espaço, recordei que a filosofia é um conteúdo dos currículos escolares e que a educação para o pensar precisa possibilitar uma reflexão sobre a busca humana pelo sentido do viver no chamado tempo da "modernidade líquida". Encontrei uma pessoa na estrada e ela me disse: "Estou só, com o meu pensamento". E, escutando-a, pude escrever algo sobre a experiência de deserto nas relações humanas.

O ser humano, quando mergulha no mais profundo de si, percebe que tudo na vida é passageiro e que, em muitos momentos, é preciso cultivar a experiência de deserto.

No deserto, experimenta-se o vazio, o estar só, o sofrimento de andar, andar e não vislumbrar a água que sustenta um novo encontrar-se e encontrar pessoas. No deserto, experimenta-se a condição humana da fragilidade e a luta para não aceitar a realidade tal como é. A terra do coração e da mente humana começa a ficar sedenta das águas que refrescam, suavizam e sustentam a novidade do caminhar com esperança no mundo de incertezas. Caminha-se quilômetros e não se vê nada. Caminha-se quilômetros e não se ouve nada. Todos os seres vivos estão ausentes. Noites e dias, caminha-se no calor da busca.

Pronto! O ser humano entra no deserto e não tem outra saída a não ser viver esse tempo com o sonho de sair dele com uma nova face, um novo pensar e sentir, um novo olhar para si, para a natureza e para todas as pessoas.

Mas o deserto se transforma no espaço-tempo de encontro com a força interna para o redirecionamento da vida, por meio de escolhas do que vale a pena e do que importa viver. Zygmunt Bauman definiu tudo o que é passageiro, imediato, supérfluo na expressão "modernidade líquida", e o filósofo Gaston Bachelard escreveu: "Eu sou o limite de minhas ilusões perdidas".

Assim, nós somos o limite das nossas buscas sem sentido e precisamos retomar o passo do sentido do viver humano com a beleza de ser o que somos e aprender a superação do caminho do deserto, sempre que ele for necessário para o nosso crescimento pessoal e social.

Educadores, nós somos chamados para uma educação criativa e reflexiva no mundo atual e para ajudar as crianças e os jovens a aprenderem que tudo tem o seu tempo e a sua hora. A geração presente e futura precisa de uma educação reflexiva!

**Cultive um momento de reflexão.
Deixe fluir algo criativo em seu viver e agir.**

O vento e a árvore

Pensando na força do vento e das árvores, lembrei-me do filme norte-americano *E o vento levou* (1939). Existem pessoas-vento e pessoas-árvore. A força do vento atravessa as árvores, mas estas buscam novo equilíbrio. O vento passa e volta com novo vigor. A árvore começa a fortalecer suas raízes e galhos na tentativa de experienciar a integridade e maturidade que estão no seu campo de vida mais profundo. O vento cumpre sua tarefa e se vai, retornando sempre com novo significado e impulso para novas descobertas e enfrentamentos. O vento desafia o ficar de pé, o superar adversidades, o ir para frente, sempre avante. A árvore é desafiada para enraizar-se no essencial e buscar a energia que harmoniza e integra. O vento é ar, quer liberdade para fluir, para ir e vir. A árvore é terra, quer segurança para ser tocada pela força do vento.

Uma conexão estabelecida pelos pontos de diferenças, algo que encanta e aponta o mistério de sermos parte da natureza, evoluindo no ciclo da vida.

Precisamos recuperar o sentido das palavras e do viver. O vento levou algo de mim... O vento levou algo do outro... O vento levou algo da civilização... Mas não leva o essencial e o que dá sentido ao existir. A força do vento atrai novos ares e inova a humanidade. Esse movimento possui a riqueza da saída do "mesmo" e provoca uma revolução no planeta.

O vento carrega em si a força do movimento. E nós, seres humanos, precisamos lubrificar nossos passos com o óleo da determinação e o amor por uma causa.

A árvore carrega em si a seiva que revigora o existir. E nós, seres humanos, precisamos cultivar a seiva que alimenta o nosso pensar e sentir com firmeza e alegria.

Com as asas da imaginação, continue escrevendo sobre os ventos e as árvores de sua vida.

A poética do silêncio

Dia desses, visitando uma amiga com seus mais de cinquenta anos na área de educação, reconheci a poesia nas entrelinhas de nosso diálogo e, olhando para um vaso com flores amarelas, brancas e lilases sobre a mesa, compreendi que a percepção da comunicação está para além das palavras faladas. Um vaso de flores fala por si e cada pessoa faz uma leitura do mesmo, despertando ressonâncias e repercussões.

Histórias de aprendizagem foram o centro da conversa, desencadeando recordações de algo que escrevi quando tinha cerca de catorze anos de idade, com o título "Reflexos do sol na água".

Gaston Bachelard, em sua obra A *poética do espaço*, apresenta uma reflexão filosófica sobre a imagem poética como uma repercussão do ser: "As ressonâncias dispersam-se nos diferentes planos da nossa vida no mundo; a repercussão convida-nos a um aprofundamento da nossa própria existência". E, buscando uma conceituação de tais termos em Bachelard, concluo que na ressonância ouvimos o poema; na repercussão, o falamos, ele é nosso.

E comecei a pensar na poética do silêncio nas relações aprendiz-aprendiz, que é a relação educando-educador.

A vida é uma obra de arte! Vivê-la com intensidade é um desejo natural e universal! A sede do belo e do sentido da vida é algo inato em nós e ultrapassa a nossa capacidade de nomear as vivências significativas. A luz interior é um reflexo de nosso ser em contínuo aprendizado e descobertas. Para compreendermos tal dinâmica, é preciso reencontrar o mais íntimo de nós mesmos, é necessário um silêncio fecundo para escutarmos o próprio ser em sintonia com outros seres.

Carlos Drummond de Andrade apresenta uma poética do silêncio nos seguintes versos: "Escolhe teu diálogo e tua melhor palavra ou teu melhor silêncio. Mesmo no silêncio e com o silêncio, dialogamos".

Na travessia da vida, as imagens poéticas brotam da essência de um ser falante, criativo, inovador, crítico, expressivo, tradutor das alegrias e tristezas da alma em versos. Essas imagens são formadas em um contexto na rede de relacionamentos, mas a conexão profunda parte do próprio ser que estabelece uma ligação íntima com a essência da vida.

O silêncio é uma maneira simples de expressar, sem o ruído das palavras, o nosso ser mais profundo. A linguagem do silêncio é uma obra de arte a ser lida com os olhos de quem ama e busca o sentido da vida.

Aprendiz-aprendiz, educando-educador, somos todos nós que mergulhamos na riqueza da voz do silêncio e na riqueza dos momentos da voz pronunciada. Um aprendizado de ressonâncias e de repercussão.

Um reflexo de sol na água é algo encantador, e meus olhos brilham ao recordar tal imagem materializada no rio que corta a cidade onde nasci. Pena que não guardei em papel tal escrito. Fico pensando nas crianças e adolescentes que desejam falar de suas potencialidades, de suas angústias, de suas obras de arte e esperam pelos interlocutores para uma maior compreensão de si e dos outros.

Acredito que, como educadores, somos convocados pelo universo para uma leitura do silêncio das palavras. Uma criança de cinco anos, certo dia, brincando comigo, disse-me: "A minha mãe não me escutou hoje". Eu perguntei-lhe: "O que você falou?" E surpresa fiquei com a resposta: "Eu não falei falando, eu estava triste que a minha bola tinha furado e ela nem olhou para mim".

Ressonâncias e repercussão, uma forte sintonia, uma influência potencializadora nos relacionamentos interpessoais. Um eco silencioso emerge das comunicações. Nós, adultos, precisamos cultivar uma escuta das "palavras não faladas" pelas crianças e aprender estratégias de intervenção para escutar o silêncio falante de seres humanos desejosos de amadurecimento e compreensão.

Mesmo no silêncio nós dialogamos, e a nossa ação e reação estão conectadas com a nossa capacidade de sintonizar a mente e o coração com a vida de todos os seres vivos.

Escute o silêncio para além de tantos ruídos do mundo contemporâneo!

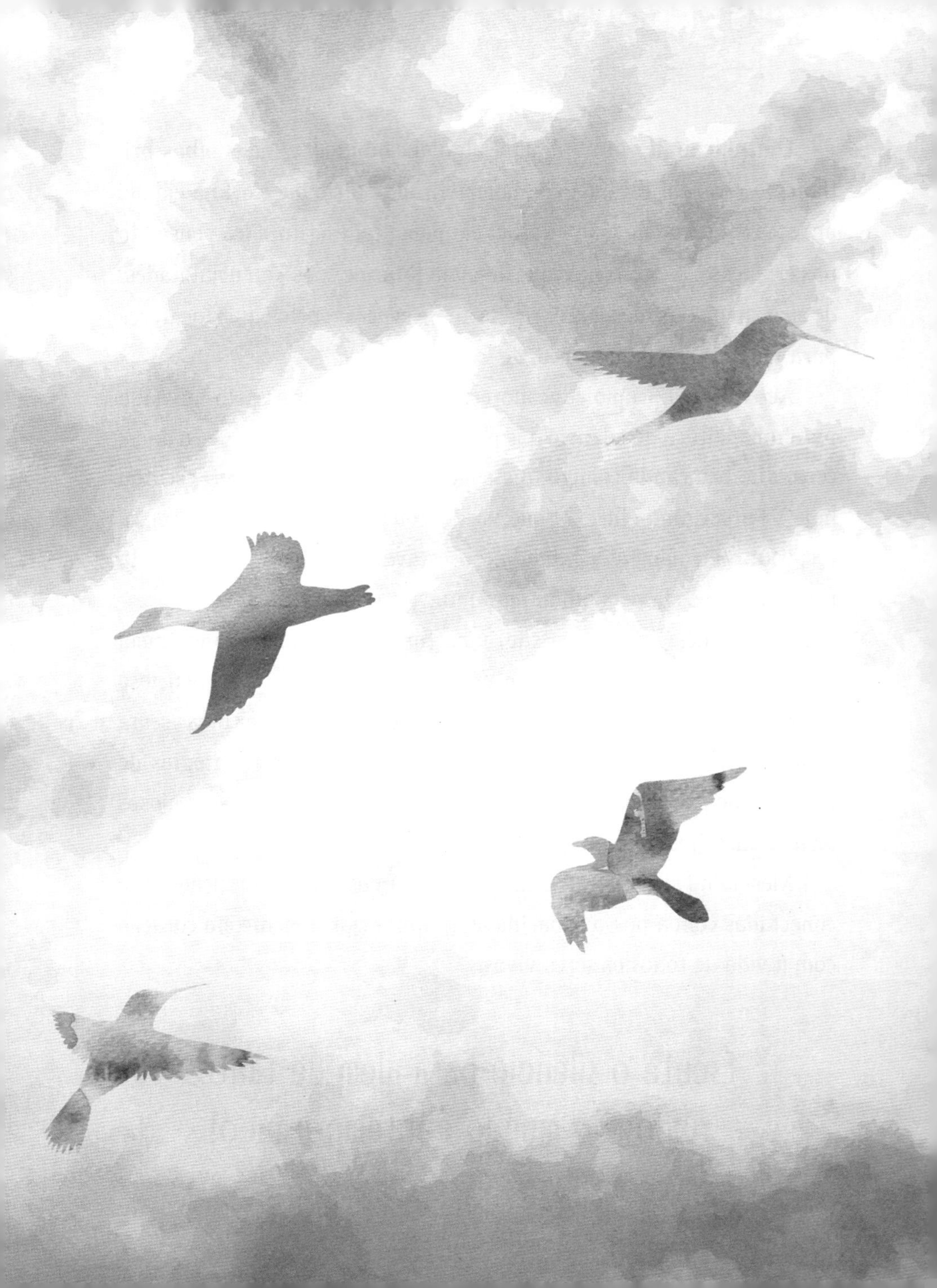

Protagonistas no palco da vida

Numa linda e silenciosa manhã, diante de um lago, eu ouvia o canto dos pássaros e o barulho dos patos na água. Escutar a natureza é algo surpreendente e inspirador. Fiquei pensando na poética do silêncio e lembrei-me da frase de Nelson Mandela: "Se falares a um homem numa linguagem que ele compreenda, a tua mensagem entra na cabeça. Se lhe falares na sua própria linguagem, a tua mensagem entra-lhe no coração".

Linguagem e silêncio são meios fundantes das relações de encontro. O encontro supõe uma capacidade de comunicação, depende da relação estabelecida e de uma experiência de "encantamento". As pessoas que cultivam a arte do encantamento com a beleza da natureza, com a beleza do outro humano, com o reconhecimento da própria beleza interior revelam uma disposição para serem protagonistas no palco da vida.

A representação mental e afetiva das imagens procedentes do compartilhamento de experiências e significados nos encontros inter-humanos com o universo, com o próprio ser, possibilita avançar na construção de vínculos favoráveis para o desenvolvimento humano em todas as dimensões do ser e do vir a ser, do presente e do futuro.

O mundo atual é invadido pela corrida do tempo. As pessoas possuem pouco tempo para contemplarem a beleza da natureza, pouco tempo para ouvirem os pássaros e o barulho das águas, pouco tempo para escutarem a si e aos outros, pouco tempo para compartilharem a vida.

Alfonso López Quintás, em sua obra *Inteligência criativa: descoberta pessoal de valores*, apresenta reflexões interessantes sobre o encontro. Para o autor, o encontro "implica entreverar o próprio âmbito de vida com o de outra realidade que reage ativamente diante da minha presença". Creio que o verdadeiro encontro é um ativador de possibilidades e potencialidades para o desenvolvimento criativo do ser humano.

Ser protagonista no palco da vida, diante das cortinas, supõe disposição para enfrentar desafios e construir um sentido de integridade pessoal, supõe motivação e capacidade de realizar ações com autonomia e comprometimento, supõe o cultivo da autoconfiança – da confiança no outro, da confiança no Transcendente, supõe criatividade para fazer aflorar o potencial interno e ter como foco o aprender a viver.

Ser protagonista no palco da vida requer sair de trás das cortinas, tirar as máscaras, subir no palco acreditando que é possível vencer as dificuldades e escolher sempre a busca do triunfo interior. Como diz

Guimarães Rosa, na última frase de *Grande Sertão: veredas*, "existe é homem humano. Travessia".

Desde o nascimento, nós, crianças, adolescentes, jovens, adultos e idosos desejamos e sonhamos a relação de mutualidade. Aprendemos a linguagem e o silêncio para a comunicação do nosso eu mais profundo. Muitas vezes, no decorrer dos anos, desaprendemos essa maravilhosa arte de viver e ficamos na superficialidade e nos automatismos das relações interpessoais.

Creio que, nos centros educativos, precisamos resgatar a filosofia do aprender a "ser humano", a desenvolver uma ação empreendedora no palco da vida, a colaborar para que o ser humano seja um ser consciente de si, autoconfiante, resiliente, corajoso, disposto a enfrentar desafios, comprometido, em busca de harmonização e integridade, disposto à travessia do encontro consigo mesmo, com os outros humanos, com todos os seres vivos, com Deus.

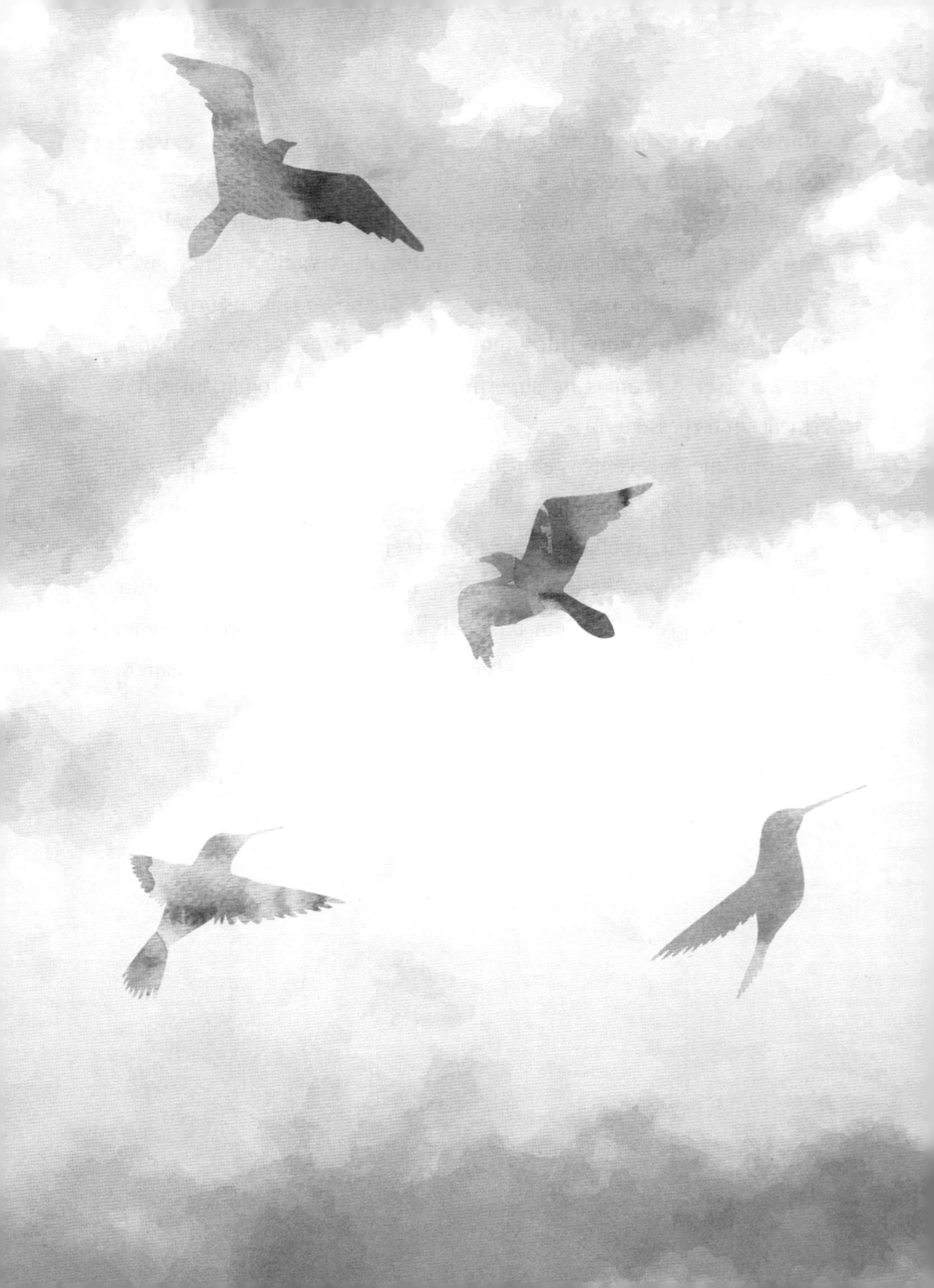

Aprender a confiar e a conviver

Relendo meus textos "Aprender a confiar" e "Aprender a conviver", tive a intuição de reescrevê-los em um só texto. Na verdade, quem confia sabe conviver de maneira saudável.

A teoria do psicanalista Donald Woods Winnicott expressa muito bem o tema da "confiança". Tenho refletido muito sobre a "confiança básica" como o princípio de sustentação para o desenvolvimento de um "eu" saudável e em contínuo amadurecimento.

A semente da confiança é, pouco a pouco, cultivada com os valores do conhecimento de si e do outro, respeito à diversidade, capacidade de desenvolver vínculos de gratuidade e um contínuo desinstalar-se de preconceitos e posições limitantes ao crescimento de si e dos outros.

A confiança surge com as primeiras experiências de mutualidade da criança com os pais e os cuidadores. Um ambiente favorável possibilita o nascimento da confiança, do gesto espontâneo e da leveza do conviver.

As crianças são "mestras" da espontaneidade que brota da confiança. Uma professora, conversando comigo outro dia, descreveu uma cena de duas crianças no momento de recreio. Paula estava triste e Erika disse que estava triste por sentir a tristeza de Paula. Erika foi ao encontro de Paula e, em silêncio, olhou nos seus pequenos olhos pretos como jabuticaba. O gesto espontâneo de Erika despertou um profundo sorriso do coração de Paula que a fez dizer: "Muito obrigada!"

Esse relato me fez imaginar a cena e fiquei encantada com a riqueza da espontaneidade das crianças. Assim, acredito que os valores mais sagrados da vida estão ancorados na confiança e na gratuidade de ser simplesmente o que se é para alcançar o aprendizado do conviver.

Depois de alguns minutos, liguei o computador e comecei a descrever minha leitura da aproximação entre as duas crianças. Tudo isso me faz pensar que o gesto espontâneo é algo muito profundo, e que nós podemos reconhecê-lo ao lado das crianças.

Fiquei em silêncio e escutei o barulho de folhas secas voando pela estrada. E parecia que as folhas cantavam um alegre hino à vida: a vida é nova a cada minuto; a vida é maravilhosa quando aprendemos a confiar e a conviver.

O musical *O fantasma da ópera*, de Andrew Lloyd Webber, me faz pensar no movimento de retirar a máscara para conviver consigo e com os outros. É preciso coragem para olhar o "eu" que mora dentro de nós. Podemos alcançar o sucesso pessoal e social quando a máscara se torna bela pela experiência de tirar o "lacre" que impede de viver e conviver de maneira saudável e sustentável.

Aprender a conviver é uma experiência dolorosa e magnífica. Precisamos aprender a retirar "máscaras" e ajudar os outros na rica aprendizagem de assumirem suas palavras, ações e reconhecerem, assim, a profundidade do coração das pessoas que se entrelaçam com as suas vidas.

Atualmente, é preciso banir de nosso meio a descartabilidade humana e acender a chama de laços significativos para o amadurecimento humano das crianças, jovens, adultos e idosos. Depende de mim e de você! Precisamos tirar máscaras e abraçar o sentido essencial do viver e do conviver.

A vida é um caminho de aprendizado, e precisamos avançar no aprender a confiar com gratuidade.

A gratidão vem de mãos dadas com a gratuidade que ultrapassa nossos interesses egoístas e abre espaço para a alegria espontânea de viver intensamente a vida que temos e que desejamos ter.

Acredite no sucesso que mora em você e abra-se para a espontaneidade de ser quem você é, rumo ao futuro.

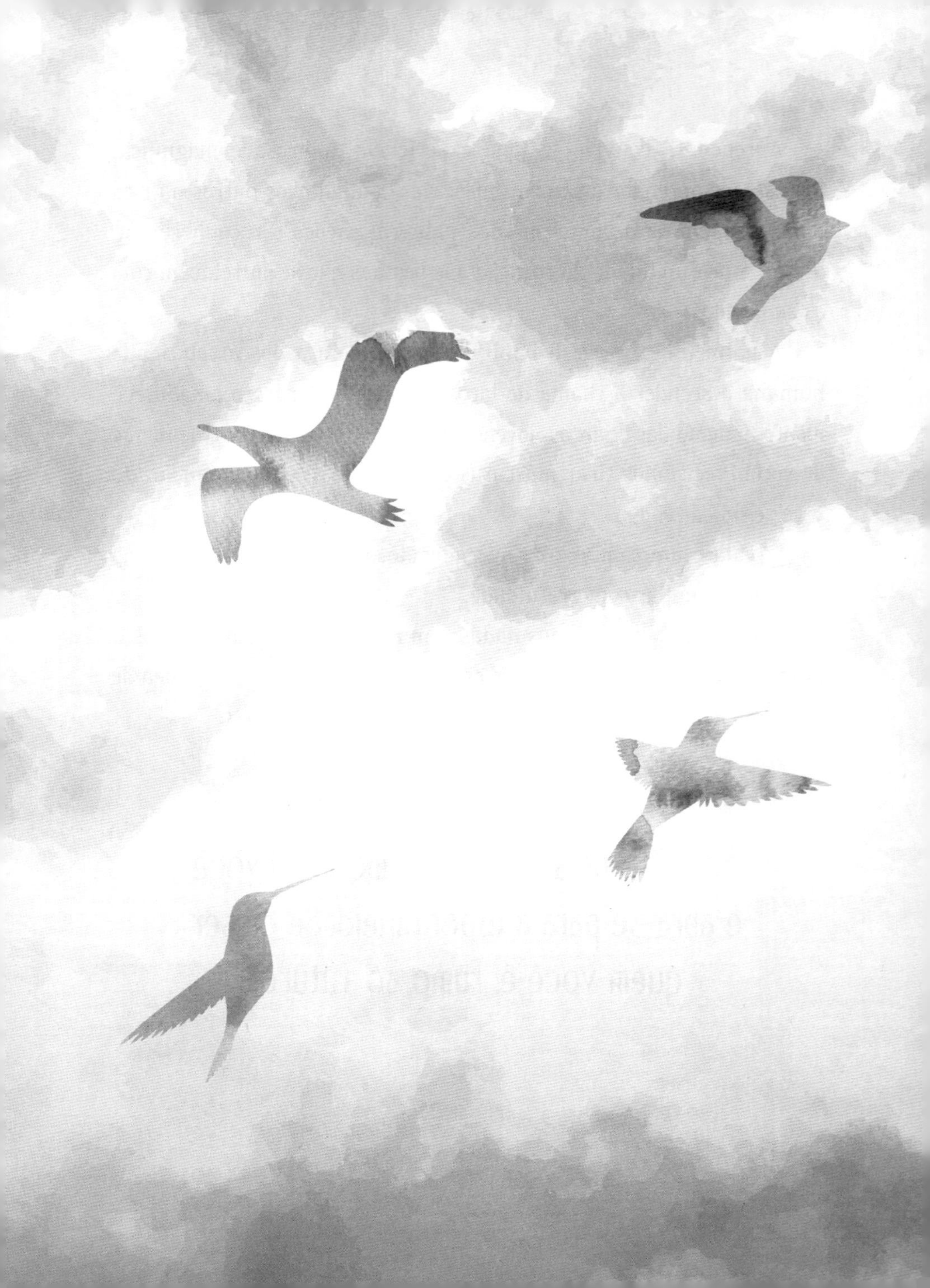

A liberdade de aprender a voar

Richard Bach, na obra *Fernão Capelo Gaivota*, apresenta o voo de travessia de um aprendiz. O autor escreve sobre uma gaivota diferente de todos os outros pássaros. Ela está preocupada com a beleza do voo e em superar os limites. No voo de travessia, ela sofre um acidente e morre. Mas é na dor que conhece o paraíso e compreende a grandiosidade da liberdade interior para voar, amar e perdoar.

A metáfora do voo é magnífica e provoca uma reflexão crítica para acreditar nos próprios sonhos, buscar o que se quer, fixar os olhos na meta e ter a coragem de ser fiel àquilo em que se acredita e em quem acredita, mesmo que os outros, não entendendo, julguem ou conspirem contra.

Na sociedade atual, marcada pela velocidade das informações e pela complexidade nas relações interpessoais, é essencial o desenvolvimento da coragem de ser livre e de buscar propósitos mais nobres na vida. Fernão, uma gaivota banida do bando, é um pássaro que tem valores profundos para o viver e o conviver. Um pássaro que experimenta o silêncio, a dor e a liberdade. Um pássaro que experimentou a tristeza por não poder compartilhar os conhecimentos adquiridos com o processo de treinamento cotidiano, mas que soube aprender a alegria que só quem tem os olhos fixos na meta pode compreender.

O ser humano é um eterno aprendiz da simples arte de compartilhar sonhos e lutar para uma transformação pessoal e coletiva que revele ao mundo o sentido profundo do nascer, viver, morrer e renascer.

Creio que, no processo de aprender a voar, é importante a consciência de si, de limites e potenciais; a definição da meta a ser alcançada; a coragem para a superação das contrariedades e contradições, barreiras relacionais; a paixão e o treinamento de novas técnicas para aprimorar o voo no encontro consigo, com os outros, com o mundo e com Deus (Transcendente); o cultivo de valores e atitudes edificantes: persistência, amor, perdão, cura, libertação, doação; a celebração da vida com fé e busca contínua do aprendizado de voar para além de si e da superficialidade da existência; o foco no sentido da vida e nos valores mais nobres do viver e conviver.

Enfim, paciência inteligente, doçura e disciplina interior podem nos levar a voos maiores e à concretização dos nossos sonhos. Não percamos tempo com a ignorância que nos fixa no materialismo da existência, mas sonhemos juntos com o valor maior da vida, o amor gratuito que se faz gesto firme e terno para que as pessoas sejam mais felizes na travessia do próprio ser em relação com os outros.

A música *Be*, de Neil Diamond, apresentada no filme *Fernão Capelo Gaivota*, me faz pensar que nós temos a liberdade de aprender a voar, de ser quem somos na nossa essência e que o amor é prática do bem e de ver o bem em cada um. Assim, a frase final da música nos diz:

"Cante.
Como uma canção em busca de uma voz que é silenciosa.
E o Deus Sol dará sentido ao seu caminho".

Cante uma canção, em silêncio, na busca de encontrar a resposta da liberdade interior que se abre para os outros e torna você a referência de vida para muitos.

Pense por uns instantes e deixe fluir a sua liberdade de voar!

Mistério na arte de aprender

A palavra "mistério" vem do grego *mystérion*, significando algo secreto, interno e relacionado com o calar. Assim, quem guarda um segredo é um iniciante no ritual de aprender a grandeza de ouvir o que não se fala, o que corre nas veias. Esta reflexão brotou da pergunta realizada por uma criança: "O que é o mistério?"

Sem palavras compreensíveis, eu me calei por alguns instantes e a criança disse: "Acho que mistério é ficar em silêncio pensando em alguma coisa boa e pensando só com a gente".

Sorri e abracei a criança que me falava da capacidade de sentir algo bom no processo de aprender o que os dicionários não traduzem. Como diz o trecho da música *Mistério, de Jorge e Mateus*: "seu olhar foi de encontro ao meu". Assim, o olhar da criança e o nosso olhar se encontram quando retiramos o nevoeiro dos olhos.

Cada vez mais, acredito que o olhar espontâneo das crianças é uma pérola preciosa para nós.

Pesquisamos palavras e muitas vezes deixamos de pesquisar a profundidade da alma da criança que está dentro de nós.

Participamos de muitos eventos educacionais, lemos vários livros, admiramos tantos autores e conferencistas... E o misterioso ato de aprender acontece para além de palavras escritas e faladas.

A arte de aprender é um processo de construções significativas, e isso acontece quando aprendemos a "tirar o chapéu" para as crianças, jovens, adultos e idosos que são capazes de conviver com os momentos de prazer e desprazer, superando os obstáculos e descortinando novas possibilidades diante de tantas incertezas da sociedade contemporânea.

O olhar das crianças é uma convocação para a riqueza do mistério na arte de aprender a viver, sonhar, sofrer, confiar, amar e conquistar a identidade de pessoas felizes.

Pare diante de uma criança e pergunte a ela:

"O que é o mistério para você?"

Um brinde ao aprender

Outro dia, fiquei pensando no significado dos "brindes" e duas ideias brotaram: os brindes são especiais, dados em ocasiões especiais; os brindes são sinais de festa. Com a palavra "brinde", podemos saudar a conquista de aprendizados. Foi assim que nasceu "um brinde ao aprender":

Na manhã...
No entardecer...
No anoitecer da vida!
Na complexidade da pós-modernidade...

Um brinde ao gesto,
Ao eterno erguer as mãos
Para *aprender a aprender!*

Aprender a coragem de se dar
De escutar,
De falar,
De silenciar,
De se comprometer com
A educação do olhar e para o olhar.

Aprender com poesia,
A arte do eterno conhecer,
Conviver, fazer e ser
Em tudo, entre tudo e com tudo,
Aprendendo...

Na sensibilidade ao essencial,
No encantamento que abre os olhos,
Para viver e ser mais vida na vida!
Olhando juntos na mesma direção...

Para o eterno aprender.

Um novo brinde ao aprender

Passeando pelo parque, deparei com um jovem de quinze anos e ele começou a falar do livro *O menino do dedo verde*, de Maurice Druon. Em seguida, comentou que a sua professora havia pedido para que a turma escrevesse um poema sobre o tema "aprender".

Começamos um diálogo, e assim emergiram os versos abaixo:

Na dinâmica de aprender a viver,
Somos desafiados para o conhecimento do "eu" e do "nós".

Nos desconcertos da existência,
Descobrimos tesouros belíssimos, reconhecemos que somos eternos aprendizes da sabedoria e
Do cuidado com a vida.

Um novo brinde ao aprender emerge da coragem de ser e do vir a ser.

A educação é uma arte
E a arte de aprender está na capacidade de perceber o que existe na essência do viver.
Nessa trajetória de surpresas,
O ser humano se debruça sobre questões existenciais
E começa a navegar com o foco no sentido do viver.

Um novo brinde ao aprender
É uma comemoração da vitalidade e do sonho
De um mundo mais humano e de solidariedade.

Segure a taça do aprender,
Eleve suas mãos para o alto
E descubra que somente pode brindar pelo aprender
Aquele que se dispõe a um aprendizado colaborativo.

A educação para o sentir

A educação é um processo de potencialização do que há de mais nobre no ser humano. A educação para o sentir envolve o cuidado com a essência do que existe dentro de nós para um contínuo desenvolver as competências intelectuais, relacionais, técnicas...

Hoje se fala muito em competências e habilidades!

Hoje se fala muito em análise de textos e contextos!

Mas ainda se fala pouco do educar para "sentir" a beleza mais nobre do ser pessoa que se dispõe a aprender em todas as situações do cotidiano.

Textos...

Contextos...

E no texto e contexto da vida, emerge a liberdade de ser um ser que deseja ser melhor a partir da sua essência.

Qual é a sua essência?

Com quem você pode compartilhar a leveza de ser quem você é?

As pessoas esperam de nós um olhar diferenciado, um olhar que aponte para a essência do ser aprendiz, e um olhar cuidadoso para acolher as diferenças que brotam dos sentimentos comuns.

Sentir a essência é a experiência encantadora de ser livre como a criança que sorri, que abraça e tem coragem de perguntar "por quê?"

Sentir a essência eleva o nosso coração e a nossa mente para o verdadeiro sentido da vida: ser e amar, contribuindo para que o mundo seja mais humano e divino.

Olhando para o quartzo rosa, recordo do seu significado como a pedra do amor incondicional e da paz. No quartzo rosa está a essência do sentido do viver humano: o cultivar um amor que se faz entrega corajosa para o bem do outro, da outra, dos outros.

No quartzo rosa está a chave do aprender a sentir a vida com inteligência e felicidade.

A educação para o sentir é um caminho para o amadurecimento dos afetos, da cognição e da comunicação de todos os aprendizados para conquistas saudáveis na vida.

Sejamos instrumentos de *cuidado* com a essência do ser pessoa humana em constante desenvolvimento.

A leitura da vida

Certo dia, conversando com um educador sobre a contribuição da cultura grega para os tempos modernos, ficamos por um longo tempo discutindo a questão do impacto que os gregos antigos tiveram na História e no desenvolvimento da humanidade. As inovações daquela época na política, esporte e outras áreas da vida continuam influenciando a sociedade moderna. Assim, começamos a falar sobre os enigmas e a esfinge da mitologia grega.

O que são enigmas? Mistérios a serem desvendados, decifrados!

Paulo Freire escreveu que "a leitura do mundo precede a leitura da palavra". O aprendiz aprende a leitura da vida buscando respostas! E as respostas devem ser uma construção mútua de quem aprende sem medo de responder o que tem na alma.

O processo de conhecer na dinâmica da vida é um quebra-cabeça! Assim, o *Édipo rei* de Sófocles pergunta sobre o enigma da esfinge ("decifra-me ou devoro-te"): que criatura, pela manhã, tem quatro pés, ao meio-dia tem dois e à tarde tem três?

A literatura retrata que Édipo respondeu assertivamente: "É o ser humano. Engatinha quando bebê, anda sobre dois pés quando adulto e recorre a uma bengala na velhice".

Pensando na arte de aprender a conhecer, podemos relacioná-la com o processo de retorno ao interior, uma volta para dentro de si e uma conquista espontânea do autoconhecimento. Somos um mistério insondável, e pouco a pouco alcançamos a maturidade para a leitura pessoal e interpessoal. Uma leitura que ultrapassa as palavras faladas e escritas. Uma leitura da simbologia que só a alma pode decifrar.

Quem não busca respostas e não aprende a arte de dar respostas será "estrangulado" pelo próprio interior, pois ficará detido em si e bloqueado por si mesmo!

A esfinge nos faz pensar na capacidade de ir além da simples leitura de palavras e avançar na grandiosidade do autoconhecimento e do conhecimento das outras pessoas.

Uma resposta é universal: "Sou humana, sou humano". Ser humano é o que somos, e essa consciência nos ajuda na travessia da vida com humildade, flexibilidade e coragem de aprender em todas as circunstâncias.

Somos aprendizes e precisamos aprender a arte de decifrar o eu, o nós, o ser humano. Vamos decifrar o coração da vida?

Palavras são palavras

Em um certo entardecer, retomei o soneto de Olavo Bilac, poeta brasileiro com amor à língua na sua essência e significado. Creio que, para Bilac, as palavras traduzem o mais puro dos sentimentos do ser e do estar no mundo em que vivemos. O soneto "Última flor do Lácio" vem acordar palavras que são palavras-imagens no mais profundo da mente e do coração da vida.

Lendo este soneto, e pensando nele, lembrei que Lácio é uma região da Itália onde se falava o latim. Muitas línguas derivaram do latim. No soneto, a língua portuguesa é chamada por Bilac de a "última flor do Lácio", o último idioma que nasceu do latim. Na profundeza dessas palavras, percebo a rica contribuição cultural na constituição de uma língua e a beleza da identidade da língua do nosso Brasil. Uma língua carregada de história, de sabores e de saberes. E, assim, pensei em escrever "Palavras são palavras":

Palavras são palavras...
Com elas escrevo e traduzo o recôndito da alma;
Com elas falo os sentimentos mais belos e puros do coração;
Com elas vou a lugares jamais pisados;
Com elas posso dar sabor ou tirar o sabor da vida humana;
Com elas construo a vida ou machuco o que é mais nobre no coração das pessoas...

O que são palavras?
Palavras... São ímãs e têm raízes;
Palavras são metáforas carregadas de sentido;
Palavras são reflexos da beleza, vigor e ternura da alma;
Palavras são palavras que abrigam o desejo de ser e estar por inteiro na vida;
Palavras são retratos do significado que damos ao que é mais precioso dentro e fora de nós.

Precisamos recuperar a beleza, a ternura, o vigor da palavra que educa para aprender o eterno movimento de simplesmente ser com intensidade a palavra falada, escrita, cantada, revelada.

Feliz encontro com a sua palavra que brota do recôndito da alma.

As asas do viver

Na ponte Juscelino Kubitschek, também conhecida como Ponte JK, em Brasília, tive o *insight* de começar a escrever algo sobre as "asas" que conduzem para as travessias inovadoras, transformadoras e empreendedoras na vida.

Uma visão panorâmica que possibilita um pensar criativo!

Esse pensar pode contribuir para a construção de uma visão compartilhada e uma aprendizagem colaborativa, duas "asas" sustentadas pelo princípio do "viver" saudável, dialógico, irradiador de felicidade nas relações interpessoais.

Voltemos o olhar para as "pontes" construídas pela arquitetura humana. Com os pés firmes no objetivo da vida, poderemos atravessá-la.

Voltemos o olhar para as "asas" pessoais e coletivas, cultivando a coragem para o voo que nos conduzirá aos sentimentos mais belos do viver em sintonia com o coração e a mente, para o contínuo tecer de uma saudável rede de relações.

Na família, nas instituições e em toda parte percebemos que há um grito pela humanização das relações, e ela somente acontecerá com o nosso "voo" interno e externo, abraçando o essencial do viver. Tudo passa, e somente o que é significativo permanece vivo e para toda a eternidade:

> Somos eternos aprendizes do viver,
> Do conhecimento de si e do outro,
> Do respeito às diferenças,
> De construções colaborativas e dialógicas,
> De ações saudáveis e sustentáveis,
> No processo dinâmico e surpreendente da existência humana.
> Quais as "asas" do meu e do nosso viver?

Uma virada cultural

As viagens despertam dentro de mim uma virada cultural e uma aproximação ao que existe de mais belo na natureza. Há alguns anos, no mês de julho, conversei por quase duas horas com um senhor de oitenta e quatro anos. Fiquei surpreendida com sua beleza de coração e sua claridade mental. Ele simplesmente disse: "com oitenta e quatro anos de experiência de vida, eu sinto que ainda tenho muito que aprender". Ele falava de sua história de vida e valorizava os avanços da modernidade, mas criticava a ausência de relações saudáveis entre as pessoas que ocupavam cargos de liderança e as pessoas lideradas.

Após alguns dias, em viagem a Buenos Aires, pude me deparar com uma árvore maravilhosa: raízes profundas, troncos largos e extensos, uma obra de arte natural belíssima e profunda na expressão de valores. Fiquei pensando na conversa com o meu novo amigo de oitenta e quatro anos e na liderança corporativa. Assim, algumas ideias fluíram:

- A grande virada cultural supõe um olhar para a raiz da realidade e a busca de soluções a curto, médio e longo prazo.

- A fidelidade aos princípios e valores fundamentados da ética, sabedoria, humildade, amor, coragem, ousadia e o cultivo de uma espiritualidade integradora possibilitam a emergência de ações que humanizam as relações familiares, institucionais, empresariais...

- O compartilhamento de ideais e a tomada de decisões são frutos de um enraizamento fértil e gerador da sustentabilidade humana, no presente e no futuro.

- A seiva que atravessa a árvore da vida alimenta o sonho das pessoas que amam o que fazem e respeitam as diferenças.

- Os galhos e o tronco da árvore traduzem a riqueza do gesto de acolhimento e comprometimento, a capacidade de envolver pessoas para o alcance dos objetivos e metas.

Podemos construir outras reflexões...

É importante uma virada cultural para o desenvolvimento de líderes. Segundo vários consultores, a liderança corporativa está relacionada com a capacidade de lidar com os conflitos e superá-los, bem como com a capacidade de abertura para a valorização de cada membro do grupo, para um empreendimento sustentável e saudável.

Na atualidade, verificamos que o despreparo para lidar com os conflitos gera muita insegurança, e que a ausência de um alinhamento de conceitos "trava" muitas iniciativas diante da realidade.

Creio que a liderança corporativa é sustentada pela raiz da humildade e da sabedoria. Somente teoria não capacita para o sucesso pessoal, familiar, social, empresarial, institucional... É preciso um olhar vivencial para a realidade interna e externa, o qual impulsiona nosso ser e o agir com a mente e o coração.

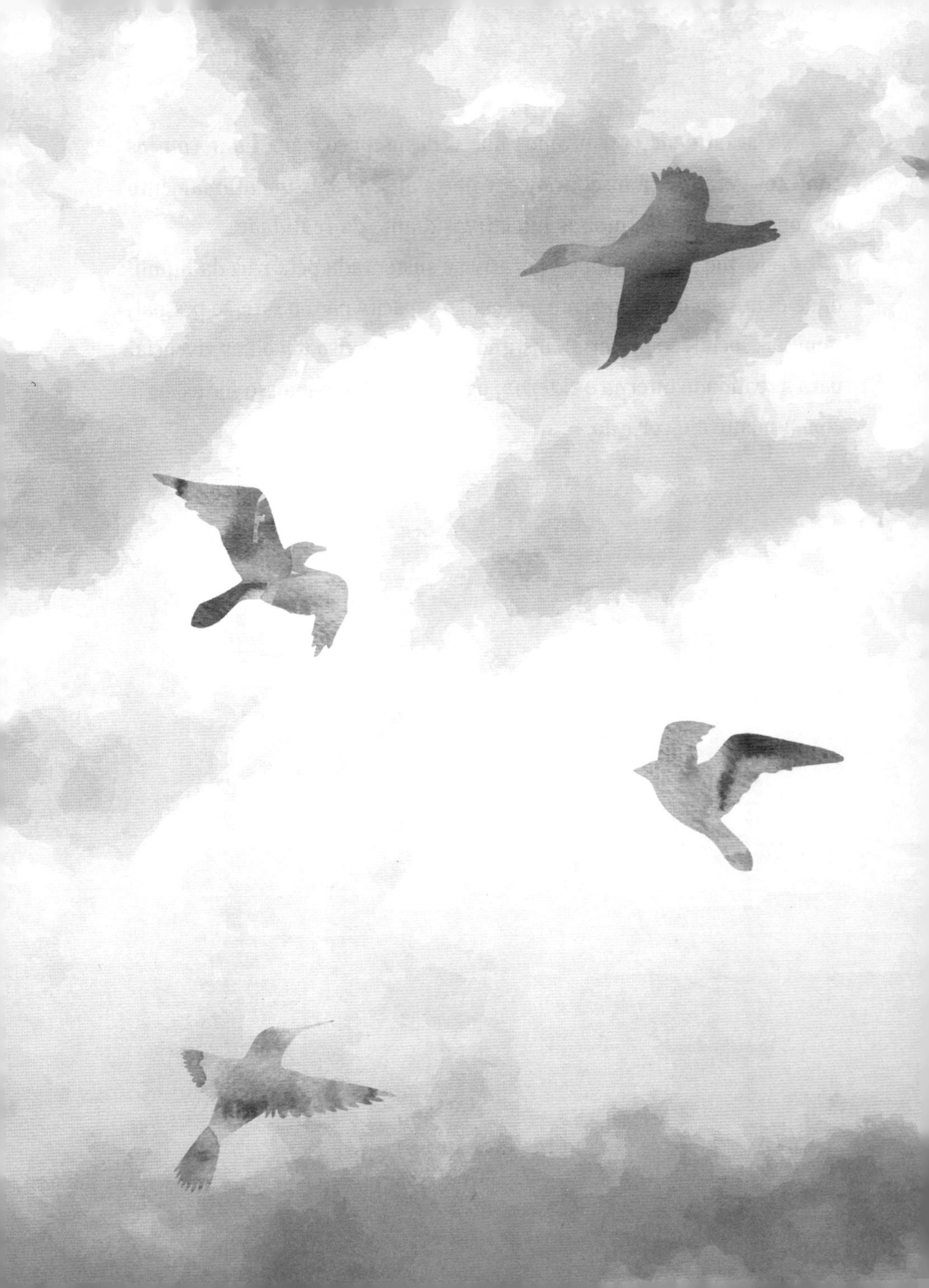

A gratuidade dos três Es

No encontro com educadores de um colégio sobre a temática "Espiritualidade e Educação", comecei a construir uma reflexão sobre a conexão de três Es na dinâmica do aprender a viver:

Os três Es:

- Educação – proposta de valores.
- Espiritualidade – busca do sentido da vida.
- Espaço de aprendizagem – rede de relacionamentos.

Trata-se de três Es sustentados pelo valor da confiança e pela ação dialógica que possibilita o desenvolvimento do ser humano em todas as dimensões da vida.

A constituição do eu da criança é atravessada pelo desenvolvimento da confiança, e esta se dá na presença de alguém. Sem a presença do outro, a criança vivencia uma angústia enorme. Que tipo de presença tenho sido para as crianças? Que tipo de presença tenho sido na vida das pessoas?

A educação como proposta de valores, ancorada por uma espiritualidade que busca compreender o sentido da vida, acontece em um espaço de aprendizagem que abraça a pessoa como um "ser de relações". Trata-se de um desafio para a humanização das relações, para o "ser mais" humano, e de comprometimento com uma nova cidadania que seja ética, espiritual e planetária.

Vamos aprendendo o abecê da vida, com simplicidade e gratuidade:

A: aprender, amar, ajudar.

B: buscar.

C: confiar, conectar, colaborar, construir.

Vamos aprendendo, no cotidiano da vida, a romper modelos mentais e a construir novos paradigmas na rica dinâmica de um pensamento sistêmico, reconhecendo o valor da interdependência para o bem-viver no presente e no futuro do nosso planeta.

Como eternos aprendizes e com muitas razões para viver, vamos esculpindo uma bela obra de arte, na conexão dos três Es. Um aprendizado muito simples e enriquecido pelos gestos de gratuidade, os quais são cultivados na vivência dos valores que são eternos em nós.

Vale a pena aprender, reaprender a arte da interdependência e o cultivo dos gestos mais elevados, na gratuidade do amor às crianças e a todas as pessoas.

Uma educação reflexiva, transformadora e inovadora pressupõe uma nova leitura do meu próprio ser, agir e reagir!

Uma experiência compartilhada alimenta o sentido da vida e qualifica nossa presença no mundo em que vivemos.

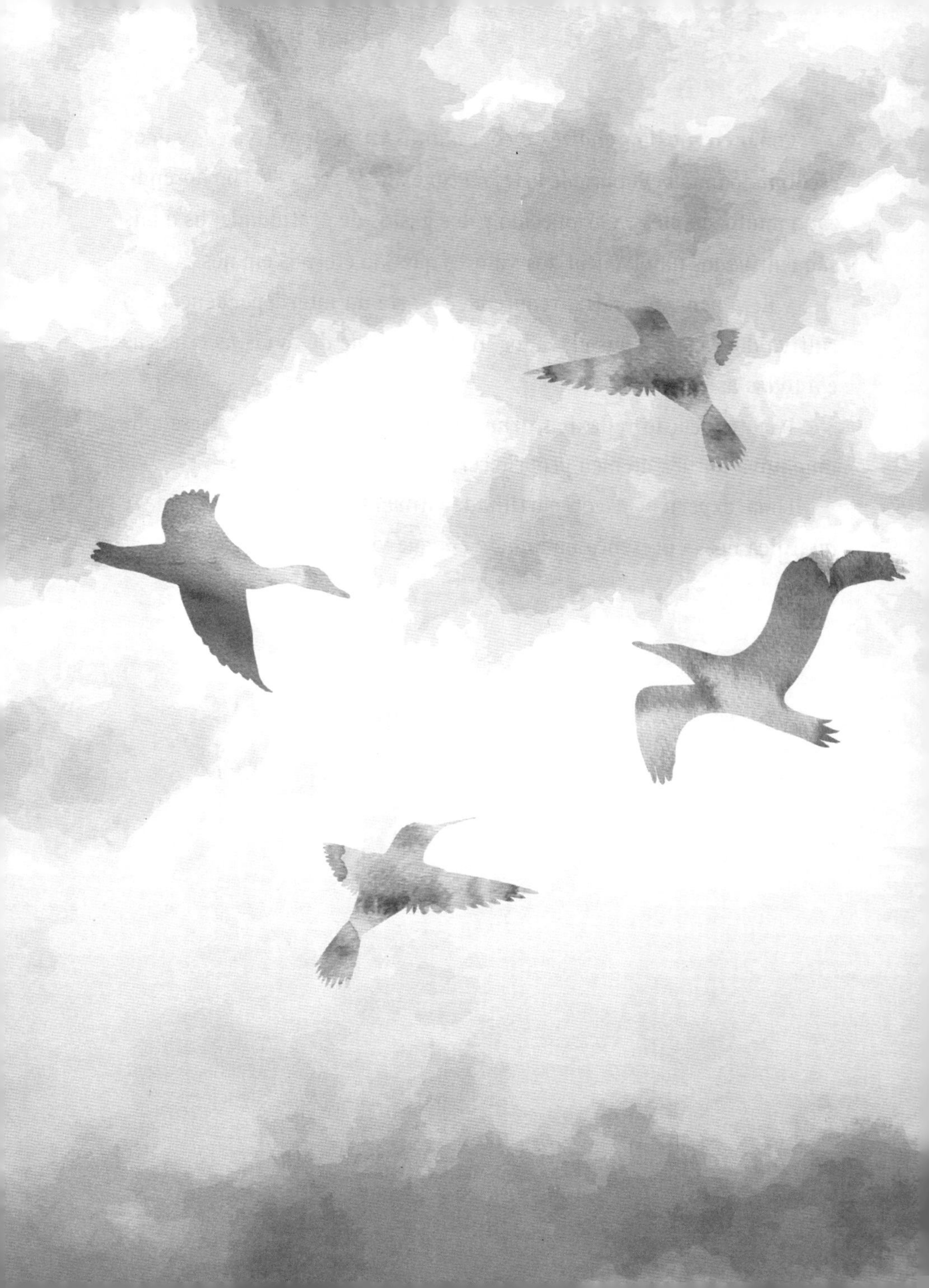

A moeda do Natal

A vida é feita de histórias vividas, sofridas, amadas, transcendidas. A nossa capacidade de ver as pessoas está relacionada com nossa disposição para amar gratuitamente e compartilhar as verdadeiras moedas de ouro que sustentam a vida humana.

Que moeda é essa? Com essa pergunta, lembrei que tinha lido em uma revista que a maior moeda do mundo levou seis semanas para ficar pronta e apresentava a efígie de Elizabeth II, rainha não só da Inglaterra como das ex-colônias britânicas. Essa moeda de cem quilos e cinquenta e três centímetros de diâmetro custou um milhão de dólares.

No mês de dezembro, o mundo gira em torno de presentes; muitos desejam escolher o melhor e o maior presente possível para as pessoas queridas. E a vida nos surpreende sempre com as maiores moedas de ouro em gestos simples e de pessoas inesperadas.

Compartilho com vocês a maior moeda que encontrei nos primeiros dias do mês de dezembro.

Ao fim da tarde, deparei-me com uma pessoa conhecida na rua e ficamos conversando na calçada. Aproximou-se de nós um menino, por volta de oito ou nove anos de idade, com uma caixinha de sapato forrada com um papel branco e com o escrito em azul: "Feliz Natal". O menino olhou-me nos olhos e disse: "Você pode colaborar?" Nesse momento, percebi que algo especial estava para acontecer. Respondi: "Você quer uma moeda, mas eu não tenho agora. Hoje, o que tenho e posso é te dar um beijo". Os olhos do menino brilharam e foi ele que se aproximou para o gesto de ouro mais puro e gratuito de "Feliz Natal". Ao me dar o beijo, disse: "Deus abençoe você, tia".

Fiquei emocionada, feliz e senti que ele também experimentava tais sentimentos. Assim ele se foi e eu fiquei contemplando a grandeza da maior moeda de ouro nos gestos puros e nos encontros que temos pelas estradas da vida.

Acredito que são os corações simples que nos ajudam no reconhecimento do que é verdadeiro e essencial na vida. Tudo passa, mas os gestos que tocam o nosso coração permanecem para sempre.

Desejo que você, leitor amigo, possa encontrar a "maior moeda de ouro do Natal" e guardá-la para sempre no seu coração.

Educar o coração e a mente

Eduque o seu coração e a sua mente para a felicidade. Cultive pensamentos otimistas e abrace corajosamente o seu "eu" interior para ser feliz e para fazer as outras pessoas felizes.

Educar o coração é educar os nossos afetos para a expressão real dos valores que dão sentido à existência humana, como a fé, a esperança, o amor, a compaixão, o perdão e a felicidade. Educar o coração é educar o nosso ser interior para a transcendência, a capacidade de ir além, e cultivar a mente aprendiz em todas as circunstâncias e tempos do viver.

Vale a pena lembrar o pensamento atribuído a Oliver Wendell Holmes, escritor norte-americano: "A mente humana, uma vez ampliada por uma nova ideia, nunca mais volta a seu tamanho original". Esse pensamento nos revela a potencialidade da mente que vai além do "conhecido" e avança para o desconhecido "mundo novo".

Assim, eduque a sua mente para desvendar o misterioso caminho de sair das zonas de conforto e alcançar o encontro consigo mesmo no encontro com as outras pessoas.

"Educar a si mesmo" é o processo de educar o coração e a mente!

"Seja feliz", é o meu desejo para você, hoje e para sempre!

Que você possa se desprender dos velhos paradigmas, ideias cristalizadas e sem sentido, para criar as asas da confiança criativa e da coragem para voar, para ser livre na expressão do verdadeiro amor que promove a vida de todos os seres humanos na eterna dinâmica da felicidade.

Algumas dicas:

- ✓ Olhe para a fonte da felicidade que está dentro de você; assuma a responsabilidade de mudar a sua vida para melhor e você verá que isso é revigorante.
- ✓ Pratique a virtude da "aceitação", permitindo que a outra pessoa mude, se ela quiser.
- ✓ Desista de querer mudar as outras pessoas e redirecione as suas energias para mudar o seu próprio eu.

✓ Decida acolher o seu "eu" interior e as outras pessoas como elas são; com essa decisão você se torna mais livre para viver a sua própria vida e ser feliz.

Nascemos para a felicidade, e ela, dádiva do céu, é um presente que precisamos desembrulhar diariamente. Registre em sua memória as experiências felizes, para, nos momentos difíceis, recordar que tudo na vida é passageiro. É isso que torna a vida algo surpreendente e maravilhoso.

Desperte a águia que existe em você

Outro dia, fiquei admirada com uma águia. Sua imagem despertou em mim algumas ideias sobre pessoas-águias: as águias enxergam e aproveitam as oportunidades, atravessam tempestades e persistem no voo em busca dos seus objetivos, contagiam e atraem as outras águias, possuem atitudes positivas e estabelecem relacionamentos transformadores no espaço das suas vidas; reconhecem dentro de si a voz do infinito e procuram ser fiéis a essa voz; acreditam nas mudanças e em novos voos; são capazes de sair dos espaços estreitos e abraçar os espaços largos; acolhem as mudanças vitais e permitem que as transformações aconteçam; conhecem os seus limites e possibilidades; empreendem uma revolução no voar, com força, visão e determinação, que nos transforma para o compartilhamento do nosso viver com alegria e gratidão.

No dia seguinte, pude observar o voo de uma águia e assim escrevi alguns versos:

> Nas travessias da vida,
> Olhe para o sol.
> Voe como as águias,
> Conecte-se com a força do alto,
> Busque o sentido da Vida!
> Teça a sua história,
> Construindo uma rede de relações
> Para o Bem-Viver!
> Seja determinado, persistente,
> Desenvolva uma visão compartilhada.
> Confie,
> Ame,
> Mude,
> Contagie,
> Avance,
> Transforme!

Pergunte-se sempre: que pintura estou realizando na tela da minha vida?

E, juntos, podemos despertar a águia que existe dentro de nós. Coragem no voo, com certeza você sentirá o abraço da felicidade.

Tempo de maturação para aprender

Nos ambientes educativos, nos tempos atuais, são múltiplas as ações para o desenvolvimento das habilidades cognitivas e não cognitivas ou socioemocionais como a empatia, a assertividade, a aprendizagem colaborativa. No entanto, a sociedade atual, focada na velocidade das informações, esquece que tudo na vida tem o seu tempo de maturação e que a aprendizagem supõe um tempo para a potencialização de habilidades e competências.

> Tudo tem o seu tempo e a sua hora.
> Tempo de semear, tempo de brotar.
> Tempo de ler, tempo de escrever.
> Tempo de contar, tempo de raciocinar.
> Tempo de narrar, tempo de ressignificar.
> Tempo de digitalizar, tempo de registrar.

Tempo falar, tempo de escutar.
Tempo de desenhar, tempo de admirar.
Tempo de calar, tempo de pronunciar.
Tempo de correr, tempo de parar.
Tempo de internalizar, tempo de comunicar.
Tempo de reaprender, tempo de inovar.
Tempo de acertar, tempo de errar.
Tempo de diminuir, tempo de somar.

Tempo do presente e do futuro para uma vida que brota do significativo tempo de maturação, tornando o mundo mais humano e amável.

Em cada tempo, renasce o sonho de que todas as pessoas sejam respeitadas em sua dignidade humana e que possam amadurecer no caminho da existência humana, desenvolvendo a capacidade de colocar-se no lugar do outro, avançando na capacidade de construir vínculos verdadeiros para que o narcisismo seja destituído das relações interpessoais.

Assim, nós educadores, precisamos ousar em ações que favoreçam o desenvolvimento da capacidade de alegrar ou sofrer com os outros, acreditar que as dificuldades são oportunidades de aprendizado, respeitar e celebrar o misterioso encontro com a diversidade, inovar com a consciência de que a base de todo processo maturacional possui um nome – *amor*.

Aprender a aprender

Aprender é uma arte cultivada no cotidiano da vida e nas mais diversas experiências do viver. Aprender ultrapassa os muros escolares e requer uma disposição interior e exterior para seguir aprendendo.

Neste caminho, o ser humano amadurece sua capacidade de diálogo, escuta, estabelecimento de vínculos, interlocução, comprometimento e contribuição para que todas as pessoas possam desenvolver os seus potenciais na dinâmica colaborativa do viver aprendendo.

A aprendizagem humana é relacional, dialógica, interativa e colaborativa.

Aprender é avançar no olhar para a realidade e para além da realidade atual.

Aprender é expressão da curiosidade e criatividade no processo de desenvolvimento das habilidades cognitivas e socioemocionais.

Um aprender dinâmico envolve o trabalho em equipe, o aprender com os erros, o desenvolvimento da autoconfiança, o respeito às diferenças, a capacidade de resolver problemas e de desenvolver o espírito colaborativo para a constituição de um novo aprendiz – curioso e criativo; um novo professor – mediador de experiências significativas; uma nova escola – aberta e inovadora para as novas formas de aprender, visando a formação integral do ser humano.

Aprender é conquistar a confiança de seguir em frente aprendendo sem medo do que virá.

Aprender é sonhar com um conhecimento sempre novo e inovador que conduz a realização pessoal e coletiva. Aprender é voar com as asas do "olhar" – investigando, desejando descobrir algo novo, superando as limitações, avançando em novas estradas, e com as asas do "amar", saboreando as experiências significativas, envolvendo com o conhecimento que abre novas oportunidades para viver e conviver.

Abrace o voo do aprender que vai além das experiências e conteúdos conhecidos. Tenha a coragem de aprender a aprender sempre.

Aprender a arte da superação

Ao conhecer a história do maestro João Carlos Martins, reacendeu em mim o desejo de retomar algumas reflexões sobre a arte de aprender. A música no piano é bela pela diversidade das notas e pelo encanto dos sons que harmonizam a mente e o coração. Mas o piano, para produzir sons, precisa de um ser humano sensível ao belo e audacioso para aprender. Somente assim, um piano tem vida e invade a emoção de muitos.

A vida é uma travessia e requer a ousadia para superar e aprender sempre.

Magnífico testemunho de vida, para nós educadores, no cenário atual do país e na multiplicidade de informações do mundo em que vivemos. Penso em inteligência intelectual *versus* inteligência relacional, inteligência pragmática *versus* inteligência humanística.

O sentido de viver é o sentido de aprender sempre, entre tantas contradições e a centralidade narcísica de muitos. O sentido do viver é desenvolver a capacidade de surpreender-se com o mistério da alma humana, encantar-se com a grandeza da aprendizagem e com a capacidade de "tocar o coração das pessoas", como dizia Cora Coralina.

Assim, nós, educadores, somos desafiados para ir além das letras e raciocínios no mundo da educação. Somos convidados para ultrapassar a logística tecnológica, revelando o que muitos poetas e filósofos já escreveram sobre a paixão da arte de viver aprendendo.

Que maravilha a sabedoria da vida vivida com superação! Educar deve ser um aprendizado constante de superação na vida pessoal, social, acadêmica e profissional. Levantemos a cabeça em todas as situações e sigamos o vento que nos leva aonde devemos chegar.

Lutemos por uma educação que conduza ao eterno aprender a ousadia de superar sempre. O *networking* na vida faz a diferença e abre nossas mentes para algo maior, mais humano e mais divino.

A coragem para a superação é um aprendizado além dos livros, das tecnologias, das inovações, dos títulos... É a expressão mais encantadora do ser humano para compor a música da própria vida na travessia do caminho, jamais a sós, mas em comunhão com outros seres humanos.

Sejamos pessoas corajosas de fazer história, aprendizes dos mestres da vida e assim mestres da humanização das relações, capazes de vencer a tremenda onda do narcisismo e viver a verdadeira felicidade.

Amar é atitude

Amar é ação. Se fosse apenas sentimento, o ser humano estaria fechado em si mesmo, mas é atitude que vai ao encontro do outro, deixando florescer os vasos comunicantes que alegram a vida. Amar é uma atitude que determina o nosso modo de ser e estar no mundo.

O ponto de partida do *amor* é a *atitude*. É o desenvolvimento da capacidade de dar real importância ao outro, reconhecendo que cada um tem a liberdade de escolher amar ou não amar, cuidar ou não cuidar, perdoar ou não perdoar, respeitar ou não respeitar, aproximar ou distanciar, falar ou calar.

No amor-atitude, cresce a escuta do outro com o coração, compreendendo que cada um tem o seu ponto de vista, suas preocupações, suas dores, suas alegrias, suas capacidades e intuições. A compreensão ajuda o outro a mergulhar em seu interior para viver o amor como atitude.

Amar é cultivar a capacidade de colocar-se no lugar do outro e acolhê-lo na essência do seu ser para iniciar um caminho de diálogo. Ações que exigem o desprendimento de si e o desenvolvimento da capacidade de estar com alguém, expressando e revelando algo de si, acolhendo algo do outro, cultivando a linguagem do amor que conhece, respeita, perdoa, supera, cuida e fortalece os vínculos de confiança para seguir sempre avante, no desenvolvimento das habilidades socioemocionais.

Amar é superar as expectativas que frustram, ressignificando tudo e olhando da perspectiva que faz o improvável acontecer.

No amor, cresce o respeito pela liberdade do outro, para que no seu tempo se abra a porta do coração para plantar e construir um diálogo que faça florescer palavras de incentivo, conforto, estímulo, aprendendo a ouvir e falar, bem como a calar em certos momentos existenciais.

O amor é sem fronteiras e supera as barreiras do medo, da insegurança, do egoísmo e da própria fragilidade.

O amor abre os olhos para viver a vida, regressando sempre ao interior de si para encontrar a força de seguir em frente.

No amor, não se cultivam ressentimentos, mentiras, tristezas, mágoas, mas sim a perseverança no bem e o fortalecimento dos laços comunicantes que dá alegria ao viver.

Decida amar e perdoar a cada minuto, pois este é o caminho de crescimento e transformação interior. Na atitude de amar e perdoar se encontra a semente da *felicidade*.

Cuide desta semente, cultivando emoções positivas, fazendo algo apaixonante, buscando o sentido do viver, realizando ações para o bem, estabelecendo relações positivas, agradecendo sempre em vez de sofrer pelo que falta, aprendendo com os erros e semeando esta semente por onde você andar e com quem encontrar no caminho da existência humana.

Eduque a si mesmo.

Conheça, respeite, perdoe, ame e cuide de si mesmo.

Olhe para o alto e experimente o bem, o céu dentro de si.

Reconcilie-se consigo e deixe-se abraçar pela energia do universo, fazendo memória das coisas boas vividas, do amor doado que tornou a vida de outras pessoas melhores e que fez você experimentar que tudo passa nesta vida, só o amor como atitude permanece para a eternidade.

A felicidade é uma escolha que está, todos os dias, em suas mãos.

Escolha viver intensamente cada momento de tristeza ou alegria, de perdas ou de conquistas, e transforme cada momento numa oportunidade única de viver melhor!

Seja feliz!

Esta obra foi composta em CTcP
Capa: Supremo 250g – Miolo: Pólen Bold 70g
Impressão e acabamento
Gráfica e Editora Santuário